살고 싶은 아침

살고 싶은 아침

정철훈 시집

창비시선
202

차 례

제1부

새벽길	8
대설주의보	9
황사에 대하여	12
황홀한 直射	13
옷걸이가 닮았네	16
역사가 없네	18
눈 내리는 아침	20
묵은 지를 찢으며	22
감춰진 눈물	24
사나운 잠	26
상봉	28
눈	30

제2부

여름산	32
모른 척 하세요	33
선운사에 가서	34
고향	35
겨울밤	36
전라선	38
살고 싶은 아침	40
저물녘 논두렁	42

구례를 찾아서	43
봄비	44
곰치를 지나며	46
말할 수 없는 그리움	48
대청 건너 하숙방	50
객지의 밤	52
세수	54

제3부

목	56
위대한 잠	57
금남로에서	58
극락강	60
오래된 핏줄	62
조치원 근방	64
두만강	65
산책	66
용대미 가는 길	67
피마(避馬)ㅅ골	68
해남에서	70
알 수 없는 슬픔	72
異說	73
돌아오지 않는 사람을 위하여	76

제4부

백야	82
곱창집에서	84
고산족	86
돔 텔레그라피	88
선거에 대하여	90
그날 아무도 만나지 못했다	92
길	94
야간열차	97
호아저씨 거리	98
치르치끄 강가에서	100
붉은 화살	102
지평을 바라보며	104
북에서 온 사진	106
발문/김이구	107
시인의 말	119

제1부

새벽길

첫차를 타는 사람들은 안다
새벽의 발걸음이 어떻게
총총거리며 오는지
날이 어떻게 밝아오는지
가까이 가면 그들은 모두
손을 잡고 나아가고 있지
앞으로 가는 것이 아니라
자신을 향해 나아가기 위해
한방울 한방울 이슬처럼
맺혀 있지 그들의 눈은 졸음을
이기려 핏발을 세우고 있지만
그들은 지하철에 몸을 싣고도
고향 어귀 능수버들을 본다
그들은 하루를 이미 살아버린
버들가지처럼 첫차를 타며
자유롭게 자유롭게 흔들리고 있다
동을 틔운 맨 처음의 햇살이 언제나
그들의 차가운 등을 비추었으므로

대설주의보

물이 끓고, 주전자에서는 물이 끓고, 세상이 끓고
하얀 김이 서려 노인 몇은 뿔테안경을 벗고
눈시울을 닦았다
하늘은 이내 폭설이라도 퍼부을 듯 어둑히 내려앉고
점방 난롯가에 둘러앉은 사람들은
뽑다 만 낮은 목청을 주섬주섬 가슴에 주워담았다
그들은 실패한 혁명 따위, 도시에서 돌아온 삶 따위에
아예 관심조차 없다는 듯 귀를 후비며 조용히 앉아 있었다
그들의 대화는 옛 사랑에 대해서도, 파산에 대해서도,
선거에 대해서도 아니었다
그저 마을 우물을 하나 더 파야겠다거나
막힌 도랑을 치워야겠다거나
올 겨울에 죽을 노인을 거명하며
언 땅을 파야 하는 지난한 장례를 걱정할 뿐이었다
시궁창이나 구정물 같은 세상의 마지막 흐름에 관해
북망산에 묻은 아무개가 지금쯤 충분히 썩었는지에 관해
서로 고개를 끄덕이며 말하고 있었다
아무개는 붉은 잇몸을 뒤집으며 실실 웃고

아무개는 누런 이빨을 꽉 문 채 막걸리 사발을 돌렸다
마침내 눈이 내리고
문틈을 울고 가는 바람 앞에서
그들의 발음은 자주 뒤섞여 잘 들리지 않았지만
입김을 불어 성에 낀 유리창을 닦는 나를
그들은 눈짓으로 핀잔하였다 그뿐이었다
누가 누구를 앞세웠다느니
누가 누구의 뒤를 따라갔다느니
모든 삶이 죽음에 뒤섞이고 있었다
그들의 심장처럼 주전자에서는 물이 끓고
내리는 눈을 우두커니 쳐다보며
나는 아무 말도 붙이지 못했다
누군가 초례를 마치고 신행 가던 길이
다시 누군가의 상여로 돌아오듯
나는 떠돌았던 지난 생이 부끄러웠다
무엇이 우리를 그 밤에 살게 하였을까
어허, 눈이 내리는데
눈이 내가 걸어온 길을 지우는데

내가 무엇을 더 서러워할 것인가
텅 빈 점방에서 주인장도, 주전자도 깜박 잠이 들고
물이 혼자 끓고 있었다

황사에 대하여

목련 벙그는 나른한 봄이면
고비나 타클라마칸 사막의 모래언덕은
무게 중심을 가눌 길 없어
중국 신장을 날아올라
먼지폭풍으로 흩날리더니
그 강력한, 미친 봄바람 타고
서울, 동경을 한 날에 덮고
엿새 만에 태평양을 건너 한줄기는
미 캘리포니아 연안을 스멀스멀 기어가고
한줄기는 동부 로키산맥을 넘어간다
옛날엔 黃禍였는데
오늘은 黃砂가 지구의 반을 먹어치우고 있음이니
봄을 울고 가는 육식의 바람이여
미친 모래바람이여
내 가슴엔 칭기즈칸이 놀고 있구나

황홀한 直射

도시의 일출은 황홀한 直射다
굼벙굼벙 눈뜨는 시린 시선들을 지우며
한강철교와 남산 첨탑과 대우빌딩과 긴긴 자동차 행렬도
황홀한 直射 앞에서는 보이지 않는다
남북으로 내뻗치던 무수한 전선들도 그쯤에서 지워진다
남북도 동서도 휴전선도 모든 방위도 사라져
사람들은 빛으로 눈멀고
일출의 장력에 휩싸인 땅거죽은
그쯤에서 광원을 등진 그림자들이 살기 시작한다
그러나 자신도 모르게 끊어진 시선과
멈춰진 기차와 급정거한 행렬들이 다시 움직이고
강물도 다시 흐르기 시작한다
사람들은 찰나적 눈멂으로 하루치의 시야와
하루치의 시선을 축복처럼, 희망처럼 품는다
눈멀었을 때 비로소 시선 안으로 걸어들어오는
지워진 길들
비로소 보이기 시작하는 그날의 노동들
그쯤에서 기차는 달리지 않아도 사람들을

모든 행선지에 이르게 한다
걷지 않아도 마침내 당도하고야 마는 길
빛 가운데 소경이
움직임 가운데 정지가
삶 가운데 죽음이
일상의 에너지처럼
하루의 중심처럼
사람들을 앞으로 밀어간다
아무리 날이 흐려도
아무리 날이 어두워도
마침내 다 보이고 마는 視界
이제는 끊어진 방위가 없고
가지 못하는 땅이 없고
울지 못하는 울음이 없어
황홀한 直射, 황홀한 腦殺 속에서
저지대의 키작은 나무와 시청 앞
비둘기떼와 분수와 광장의 쓰레기더미가
너울너울 춤을 추며

그날의 삶을 노래하는 것이다
모두들 일상의 자리로 돌아와
산소처럼, 엽록소처럼
쉼없이 숨을 쉬고
한줄기 빛으로 대지를 잠깨우는
황홀한 直射, 황홀한 反亂이 있어
짐승들이 더이상 새끼를 낳지 않아도
후예가 없어도
역사는 이어지는 것이다

옷걸이가 닮았네

여럿이 함께 걸려 있네
바지도 저고리도 같이 걸려
같이 나부끼고 같이 흔들리고
태양도 달도 같이 거기서 운행하네
옷걸이에서 지난 긴긴 밤들이 닮았네
체위가 닮고 몸이 닮고 청바지와
양말과 발바닥과 발가락이 닮았네
양말 구멍까지 닮았네
여럿이 함께 잠을 자네
발가락과 양말과 그들의 역할이 함께 있네
그들의 기능이 모두 함께 있네
끊어진 것과 이어진 것이 함께 있네
옷걸이의 세상은 무덤이라도 좋아서
무덤이 닮고 옷걸이가 닮고 티셔츠가 닮고
우리의 붉그죽죽한 영혼과 거죽과 입술과
그 무엇이라도 옷걸이에서 닮았네
문순태와 김준태와 작고한 조태일이 태로 닮았네
하나의 태로, 하나의 형태로 옷걸이에 걸려 있네

광주도 모스끄바도 평양도 서울도
정말 거짓말처럼 닮았네
광주의 옷걸이가 충장로의 옷걸이와
서울의 옷걸이가 남산의 옷걸이와 닮았네
얼마나 쾌청한 지평이었으면
옷걸이가 닮을까 세상이 휘뚝휘뚝
소멸할 듯 사라질 듯 서로 닮았네
얼마나 즐거운 지평이었으면
석양이 일출과 함께 지평에 걸리고
청바지와 가을과 고양이와 하늘이
연속극과 요절복통과 흔들리는 눈동자와
수많은 요동과 사랑과 이별이 모두
하나의 옷걸이에서 나부끼네
해탈과 해찰이 지들끼리 방실방실 함께 있네
아무런 감춤이 없고 아무런 숨김이 없네
무엇이라도 무엇이 되네
여럿이 함께 옷걸이에 걸려 있네

역사가 없네

도시는 얼마나 불온한가
도시는 얼마나 우울한가
도시는 음란한 꿈이요, 음란한 교환가치여서
낡은 시민아파트가 매일 철거되고
아파트 단지 사이 초등학교 교정은
뜨거운 모래알 위로 꾸벅꾸벅 졸고
길은 온통 아스팔트에 덮여
죽음을 죽음보다 무겁게 누르네
우리는 도시에서 성장하지 않고
다만 이사 몇번을 갔을 뿐
일곱 평에서 열여덟 평으로
스물세 평에서 서른두 평으로
너덧 번의 이사가 나이처럼, 나이의 성장처럼
우리 생활의 전부였으니
몇번의 전출과 전입, 몇번의 이직과 전직
몇번의 사랑과 이별이 우리 삶의 전부였으니
하! 역사가 없네
부유하는 것은 역사가 아닌데

달리지 않는 철마는 철마가 아닌데
우리는 몇번이나 역사가 아니어야 하나
하! 유구한 흐름이 없네
눈빛이 없네, 고뇌가 없네
뼈와 살이 녹는 내통이 없네
이사와 이전과 이주와 전이의 역사에는
생활이 없네, 생명이 없네, 거주가 없네
유랑하는 삶은 가벼운 발걸음만큼
스쳐가는 일상은 가벼운 보행만큼 역사가 아닌데
거리에도, 방안에도, 농짝에도, 책상에도
도청에도, 민원실에도, 우리들의 심장에도
하! 역사가 없네, 눈물이 없네
이제 어린 두 발을 감쌌던
배내옷에서부터 역사는 다시 쓰자
낡은 사진첩의 빛바랜 흑백사진으로부터
역사는 다시 쓰자

눈 내리는 아침

눈이 올똥말똥, 하늘은 심사가 뒤틀린 아버지처럼
잔뜩 찌푸린 것이 험상궂게도
오늘은 어디에도 머물 곳이 없습니다
어제도 서늘하게 잠을 잤습니다
어느 꿈에선가 슬피 울었는지
눈이 퉁퉁 부었습니다
아버지, 더욱 험상궂게 미간을 찌푸리세요
양미간에 움푹 파인 골짜기에는 무엇이 있나요
월북한 형제가 있나요
죽은 어머니가 있나요
연좌제와 국가보안법과 억울한 옥살이가 있나요
아버지, 지금도 고춧가루 물고문을 받던
감옥이 보이나요 손톱 밑에 대침을 박던
순사놈 얼굴이 아른거리나요
원통한 세월이 버티고 있나요
아버지, 민초 같은 푸성귀로 차린
못난 아침상을 받으세요
눈 몇송이가 가벼움을 뽐내며

함부로 흔들거리며 찬찬히 내리고 있군요
아버지, 이제 굳은 미간을 펴고
내리는 눈을 바라보세요
저 눈송이들이 어디로부터 왔는지 생각하면
구정물 같은 오욕의 역사를 고스란히 지나왔기에
온몸이 그리 가벼운 것이겠죠
아버지, 아직 어둠속에 있는 아버지,
이제 모든 심사를 저에게 건네고
눈송이처럼 하늘을 노닐며 허공을 춤추며
골목을 내달리던 개구쟁이 시절처럼
한 세상을 실컷 놀다 가세요
오늘은 아버지처럼 아침부터 눈이 내립니다
햇살 가운데 송이송이 나풀거립니다

묵은 지를 찢으며

묵은 지는
정신이며 몸이었다 고스란히
전래이면서 전통이면서 호랭이면서 곶감이면서
너털너털 가을바람에 나부끼는
할아버지 하얀 수염이며 웃음이었다
만나지 못할 사람이었고
부르지 못할 이름이었고
꿈이었고 귀밑머리 하얀 세월의 그늘이었고
전라도였다
지는 바꿀 수 없는 가치였다
작년 가을, 김장할 때
아주 짜지는 않게, 아주 조금만 짜게
아주아주 적당하게 소금을 뿌려
배추 잎새가, 아주 푸른 푸성귀가
아주아주 일년 만에 잘도잘도 절어
숨을 쉬어, 바람을 먹어, 별빛을 머금어
꿈도 꾸어, 노릇노릇 빛나는 가을볕처럼
살가운 살결처럼, 비단처럼

즐거운 만남처럼
그렇게 살랑이며 오는 길이었다
지는 지아비였고 지어미였으며
옛날이었고 어머니 손맛이었고
누가 뭐래도 흰쌀밥 위에
지를 찢어 올려놓으면
그냥 차오르는 눈물이었다
고을마다 마을마다
깃발처럼 나부끼는
우리 삶의 날씨였고
지를 찢으면 울음도, 한도 울먹이지 않고
소월도 백석도 지용도
멍석을 깔고 잔을 기울여, 전라도 하면
홍어보다, 홍어좆보다
참말로 눈물나는 자랑이었다
우리의, 우리 가슴팍의 발언이었다

감춰진 눈물

담장 아래 핀 코스모스를 보고도
수줍던 할머니는 말년에 정신을 아예 풀어
저문 가을길을 무심코 걸었다

그때는 그네가 어린 시절을 산
은행나무골에서 은행나무가 울고
섬진강 나루터에 묶인 소금배의
밑창을 때리는 물결도 서러웠으니

우리는 무엇인가를 찾아
헤매기를 좋아하는 민족이던가

새들은 우울한 인상파의 공간에 압도되어
진저리치며 땅으로 곤두박이쳤지만
하늘은 하루종일 잔뜩 흐렸어도
아직 터질 때가 아니라는 듯 그리 참고 있었다

그날 사람들은 먼저 어둑해진 북방 저편

하늘을 바라보다 후두둑 소리를 귀에 올린 채
지레 뜀박질을 하였으니
비는 내리지 않고도 사람들을 적셨다

한번 하늘로 올라간 것들은
실로 내렸어야 할 비처럼
충분히 우리를 적시곤 하는 것이었다

그날 할머니를 찾으러 축축한 거리로 나섰지만
허망한 눈동자의 한 노인네를 만났을 뿐
그네의 흐느낌은 멀리 흘러간 뒤였다

누구에게나 길은 유랑이었고
머리를 풀어헤친 성황당 같은 전설은
지금도 내 이마에 붙어 그날을 운다

사나운 잠

사나운 겨울입니다
푸르뎅뎅한 날씨가 저만치
저승처럼 떠 있습니다
어머니 얼굴은 겨울 하늘 어디에도 없고
어제는 수제비를 뜨다
눈물 가득한 어머니의 눈을 보았습니다
차마 국물을 뜨지 못하고 한참을 쳐다봤습니다
시집가던 날, 친정을 떠나올 때도
오늘처럼 사나운 눈싸라기가 길을 덮어
정든 마을은 더욱 멀기만 하고
기약 없는 날들은 스스로 한숨을 쉬어
하얗게 하얗게 차창에 서렸다지요
그때 저는 이미 제 손목을 잡고
친정으로 돌아가는 어머니를 보았습니다
어머니의 버선코가 들어선 할아버지의 집은
난파선처럼 풍랑이 잦았으므로
새벽마다 쌀 떨어진 뒤주를 뒤지며
다시 한번 한숨을 내쉬었다지요

육이오 끝난 그때가 전쟁보다 더 무서웠다지요
사내들은 고향을 등지고 북으로 북으로 넘어갔다지요
대소사에 끼여들 틈도 없이
어머니는 그저 검댕이 덕지덕지한 정제에 내려가
이 어둠이 바로 시집이겠구나, 하며
한굽이 파도를 넘기셨겠죠
어머니, 북을 치세요
두려웠던 새벽을 위하여 북채를 잡으세요
왜 새벽마다 제 위장에서는
수많은 융털이 식욕처럼 돋아납니까
삭신이 지끈거리는 날이면
어머니의 잃어버린 세월이 한순간
제 사나운 잠으로 돌아옵니다
어머니, 삶은 참으로 우연이었습니다
어머니, 사나운 잠에서나마 눈물을 거두세요
돌아오지 않는 사람들을 위하여, 새벽을 위하여
다시 어금니를 깨뭅니다

상봉*

부모님은 돌아가셨나요
누님은요, 막내는요
아직도 광주 사나요
셋째는 잘 있나요
다들 잘 있다
광주누님은 서울 와 있고
오늘 여기에는 오지 못했다
눈이 침침할 뿐
어디 아픈 데는 없다
절 알아보겠습니까
눈매를 보니 금방 알아보겠구나
근데 왜 이리 늙었나요 형님
형님 앞에서 담배 피워도 되겠습니까
피거라 너도 육십이 아니냐
이마며 웃을 때 주름지는 콧잔등이
네가 아버지를 꼭 뺐구나
어머니는요?
봄바람에 넋이라도 돌아와

다 보고 다 알고 계실 거다
죽은 사람만 서러운 게지
이젠 울지 말자 헤어지지 말자
근데 언제 또 만나나요
이대로 같이 살 수는 없나요
이렇게 헤어진다면 안 만나느니
못한 것이 아닌가요
무슨 길이 없나요 무슨 수가 없나요
세월이 약이란 것도 믿지 못하겠네요
형님!

 * 이산가족찾기운동본부 홈페이지에서 남북고향방문단(1985
   년)의 사연을 읽었다.

눈

가슴 쓰라리던 날, 눈이 왔다
놋주발 식은 밥 위에 날개를 털고 앉았다
장지문 밖은 어둑하게 환하여
펑펑 큰눈은 오고

먼 산을 보며 생각했다
식민의 역사가 없는 그곳
문명보다 높은 지리산에서
운명의 나날을 보내고 싶다

청솔가지 활활 지피면
아궁이에서 불붙는 그리운 이
이 순간을 위해 살아왔다
한송이, 한송이, 자유로운 피!

제2부

여름산

지금 와 생각하니 수많은 죽음들은
스스럼없이 나를 통과했다
그들은 초연히 인연을 끊었던 것인데
그걸 왜 몰랐을까
그들처럼 나도 연을 매듭짓고 날아오를 수 있을지

죽은 할머니, 죽은 외할아버지, 죽은 시인들
그때는 그들의 죽음을 단지 늙어서라고 치부했다
간암으로 간 처삼촌, 스무살 흰뼈로 산에 뿌려진 조카,
지금은 땅에 묻힌 수많은 당대의 얼굴들

나는 그들의 죽음을 단지 병 때문으로
세상에서 얻은 병 때문으로 생각했다
그들의 꿈이 푸른 잎새 되어 흔들리고
나는 속으로 눈물짓는데

그러나 홀로 수풀 우거진 여름산을 오르다
문득 내가 지나쳤던 그들의 검은 영혼을 본다

모른 척 하세요
―K에게

내게는 아주 큰 목적이 있어요
언덕을 오르다가도
풀밭을 거닐다가도 문득
더 너른 세상으로 가야겠다는
발걸음이 나를 움직여 가요
모른 척 하세요
목마름과 어둠과 굶주림과 억울함으로 가야 하는
나의 크나큰 지향을 그냥 모른 척 하세요
함께 길을 걷다가 문득
어느 뒷골목으로 불어가는 바람처럼
순식간에 사라져버린다 해도
날 찾지 마세요
내 황홀한 꿈을 들여다보지 마세요
내 증발을 모른 척 하세요
실은 우리 모두 그곳을 향해
함께 가고 있어요
함께 사라지고 있어요
함께 불타고 있어요
모른 척 하세요

선운사에 가서

선운사 잔디밭에 누웠더니
동백 두어 송이
내 귓불처럼 후끈거리다
이내 제 목을 떼낸다
바람이었을까, 꿈이었을까
한때 혁명처럼, 불꽃처럼 매달렸던
동백이 피고 죽는 날
나는 갓 피어 흔들리는 꽃송이보다
상춘객들의 발에 밟혀
피를 흘리며 죽어가는 꽃들과
눈을 마주친다
귓불이 뜨거운 것은
떨궈야 할 꽃들을 내가
아직 달고 있기 때문인지 몰라
다시 귓불이 후끈거리고
동백숲에는
평생 한번도 피지 않은 꽃도 있을 것이다
차라리 아름다울 것이다

고향

고향에 가도 절을 않으런다
당숙은 새벽부터 일어나 낫을 갈고
됫병 소주를 챙기라고 성화지만
벌초도 성묘도 따라나서지 않으런다
음복이라도 할 양이면 술잔도 몇개 넣으라지만
밤도 대추도 오징어절편도 마다하런다
무덤에 든 뼛자루처럼
썩은내 이는 초가 툇마루에 앉아
일가들 산일 보러 떠난 텅 빈 마을
장닭이 지렁이를 쪼는 마당에 시선을 떨구런다
꼭 저만 같은 우리네 죽살이를
하나 하나씩 떠올려보고
차라리 저 쏜살같은 죽음에 절을 하런다
당숙의 장타령은 비에 젖어 산을 내려오는지
차라리 그 애처로운 가락이나 따라가런다

겨울밤

두어 날 빛나는 선로를 따라
나에게 오시라
승냥이떼 우는 거친
관목숲을 헤치며
날 퍼런 칼을 문 입술로 오시라

어머니도 할머니도 우시던
달빛 휘영청 이슬을 털며
집구렁이 또아리 틀던
초가삼간 호롱빛 아래
밤새 예는 바람으로 오시라

이 밤은 너무 멀어
두어 군데 포장에 들러
목이라도 축이시고
마지막보다 더 최후인
가슴으로 안기시라
지금은 부헝이도 팽이도

눈을 비비는 스스럼없는 밤

네 간 곳 아무도 몰라
슬픈 눈동자는
남으로 북으로 갔을 거라고
경련이 이는데
널 그리워할 자유가 내게는 없구나

길은 밤보다 멀어
어느 접경에서 새벽달을 볼까
쓰라린 비애는 눈감을 줄 모르네

전라선

기차소리 들리면
꽃봉오리 떠돌던 울음이 거기서 터져
나는 쏴아쏴아
바다라도 볼 것처럼
어디든 가고 싶었다

매화 철쭉 붉게 흔들리고
어디든 떠나가는 사람들을 실은 기차는 울어
나는 철로 옆에 묻히고 싶었다
채송화로 민들레로 다시 태어나고 싶었다

컴컴한 터널을 지나 동트는 새벽처럼
길에서 눈뜨는 일은 얼마나 좋으냐
그때는 기차가 박달나무 바퀴로 구른다 해도
믿었을 것이다

늙지도 젊지도 않은 이웃들은
어둑한 얼굴만으로도

산다는 것의 슬픔을 가르쳐
무엇도 즐거울 것이 없던 나날들

희망이 죽어버리기 전
세상 밖으로 날 데려다줄 무쇠심장을
나는 달고 싶었다

살고 싶은 아침

순이야, 스물아홉 네가
굵은 파를 다듬는구나
도마 위에서는 네 푸른 손이 듬성듬성 잘려도
아무런 생채기가 없어
문간방 쪽문을 열면
물발 센 사내처럼 차디찬 수돗물이
붉은 바가지를 돌리고
시금치를 무치는 네 손이 눈부시구나
나는 어느 양지바른 언덕 아래 대문도 없는
오두막 툇마루에서 네가 차린 상을 받겠구나
무지렁이처럼 풋내 이는 맨살 붙이고
골 깊은 겨드랑이 간질이며
이 빠진 접시며 대접이며 누런 놋숟갈이래도
대야엔 아침 일찍 방을 훔친 걸레 하나
그렇게 우리의 죄를 닦고 닦아
순이야, 네 발가벗은 아랫도리 같은
스물아홉이 나의 전부였구나
마늘 다지는 도마 소리가 방안을 가득 채워

우리는 죽어서도 같이 살자꾸나
너는 지금 무순을 데치고 있다
혹 너는 봉지에 싸인 멸치를 보며
우리가 잃어버린 자유를 떠올리는지
문간방 쪽문 사이로 비껴간
스물아홉 순이의 아침처럼
나는 이 생을 깨금발로 종종거리련다

저물녘 논두렁

하루도 이틀도 심심한 비가 내리네
장성 갈재를 넘어서면
갈매빛 무등산 아래
고물거리는 사람들
순한 얼굴에 웬 슬픔은 일렁여
지난밤에 모두 안녕하신가
깊은 속내는 가슴에 묻은 채
꽁초를 빨고 소주를 들이켜고
실없이 코를 벌름이는가
오늘 넋두리 같은 가랑비는
울어도 울어도 가난했던 농촌을 적셔
온통 고향 생각뿐
용케 빗줄기가 굵구나
저물녘 논두렁을 지나면
무엇이 세상을 견디는지
지금은 돌아간 사람처럼
풀잎 하나에도 머뭇머뭇
하루도 이틀도 심심한 비가 내리네

구례를 찾아서

섬진강 따라 여울여울
반짝이는 햇살 따라가면
압록철교 위에서 전라선은 운다
여기는 지리산이 바라다보이는 구례
처음 본 학동에게 노고단 가는 길을 묻는다
제 나이보다 오래 산을 바라보았을
눈망울이 슬프다
산등을 스치는 삭풍에 나무들은 거칠고
이 산에서는 바람 맞은 것들만
나이를 먹는다
뱀사골도 피아골도 차창 밖으로 흐르고
나는 입산을 주저하며
다만 산을 넘을 뿐
모든 것이 헛될 뿐인데
나는 산을 내려가
붉은 울음을 토할 것이다
후회할 일은 이것뿐
날은 어둡고
산은 나를 퉤 뱉는다

봄비

제트기가 허공을 찢고 간다
멀리 불자동차는 울고
노란 완장을 찬 동사무소 직원이
호각을 분다

민방위날, 머리가 욱신거려
일찌감치 집으로 돌아와
구들장에 배를 깔고 누웠다
눈은 졸립도록 무거웠지만
잠은 오지 않았다

무엇을 방위하자는 사이렌이
잠을 방해하였다
저 울음은 무엇을 의미하지도 않으리라
한줄기 제트구름이 하늘하늘 풀어지다
이내 사라진다
모든 무기가 저렇게 사라진다면
나는 달콤한 오후의 잠을 즐길 것이다

구름도 내 눈처럼 무거웠는지
마침 봄비가 내리고
긴 겨울가뭄 끝이라 소리가 달았다
빗소리를 들으며 나는 잠을 잘 것이다
민방위날, 나는 빗소리를 들을 것이다
무엇을 방위하지 않아도 되는
구름의 속삭임을 들을 것이다

봄비 가운데 문득 내가 울고
내 유일한 무기가 울었다
무엇을 해제하려는 호각이
다시 귀를 때리고 벌써 비가 그치려는지
빗방울이 성겼다

곰치를 지나며

장흥 가는 길
곰치 너머 유치마을에 가면
수몰선 아래 낡은 초막은
까마득한 적막을 입에 물고
촌로는 아무 설움 없이 죽을 수 있다는 듯
뒤켠에서 묵은 살림을 태운다

읍내로 내보낸 손주놈
눈물바람에 대처로 떠난 칠성이네
나이도 이름도 잊었다며
유쾌하게 하하거린다

탐진강 오래오래 흘러
내일은 촌로가 물에 잠기고
내일은 수몰선마저 둥실 떠올라
예까지 온 게 어디 역사던가, 세월이던가
홀연히 사람으로만 걸어온 길

윗목에는 봉지 봉지
옥수수다, 참깨다, 고추씨가 여물고
산 깊은 자연부락
고사리 따던 아이로 태어난 웃음이
다시 통쾌하게 하하거린다

말할 수 없는 그리움

한번도 와본 적 없는
광주시 북구 우산초등학교 교정에서
접시만한 별들을 올려다본다
풀벌레 소리도 자고 동네는 불켠 집이
몇집뿐

왜 별들은 밤마다 불을 켜고
제 몸을 사르는 것일까
빈 운동장에서 나는
어떤 불을 켜고
밤하늘을 바라보는 것일까
나는 한걸음도 걷지 못했다

낯선 운동장까지 온 것은 산책이 아니었다
실은 그것은 밤도 아니었고
별나라 장난 같은 것이었는지도 모를 일이다
어떻게 살아가자는 것도 아니었다
무엇보다도 나를 사랑해야겠다는

연민이 쏟아졌다 그중에서
내가 아는 별은 하나도 없었지만
이제부터라도 나는 별이 되고자 했다

빈 운동장 같은 별은 비록 쓸쓸하겠지만
시원해서 좋을 것이다
모든 시야가 별처럼 총총거리고
이제부터라도 나는 아직 문을 닫지 않은
대폿집을 찾아갈 것이다
첫 잔은 빈 운동장을 위하여 그러고는
이 낯선 서성거림을 위하여
목을 축일 것이다

다시 올려다보니
하늘에는 더 많은 별들이
나를 굽어보고 있었다
바람이 싸늘하게 등을 밀었다

대청 건너 하숙방

어제는 방을 바꿔버렸습니다
새우젓을 무쳤는지 콩나물을 다듬었는지
하숙 친다는 광주댁 거친 손이 나를 끌었습니다
손으로 짠 스웨터며 낡은 몸뻬바지며
연변 어디서, 따쉬껜뜨 어디서 본 듯도 하여
형광등 불빛을 십오촉으로 바꿔달듯
어제는 방을 바꿔버렸습니다
침침하고 축축한 구옥의 대청 건넌방이었습니다
푸세식을 간신히 면한 해우소가
대문 옆에 두 칸이나 있어
아침마다 양변기에 앉아 힘을 주던 온갖 궁상을
혼자 하지 않아도 될 성싶었습니다
귀가 쫑긋한 황구가 나무 그늘에서
밤낮없이 기지개를 켜 어릴 적 키우던
벅구를 닮았습니다 방은 천장이 낮아
하늘이 우는지 보슬비가 뿌리는지
여닫이 창문은 삼삼오오 막걸리잔을 돌리던
오일팔 직전 옛 자취방을 닮았습니다

방은 1900년을 꼭 뺐습니다
요즘 같은 방이 아니라
우리 모두의 방을 떠올리게 했습니다
혼자 끓여 먹는 라면가닥이 아니라
동네사람이 함께 먹는 잔치국수처럼
한때 우리가 상실했던 식량처럼 포만했습니다
하룻저녁 엎디어 실컷 울어볼 방이었습니다
모든 닳아진 꿈들이 벽에 얼룩져
소곤소곤 말을 붙여오고
어제는 방을 바꿔버렸습니다

객지의 밤

밤은 깊고 고양이는 울고
전깃줄에는 낡은 천조각이 걸려
아프게 나풀댄다
이빨을 딱딱 부딪는 여자야
어깨를 물어다오
난 네 심장을 떠도는
비극을 알고 있다
이 밤의 모든 움직임이
유랑하는 그림자가 아니겠느냐
시계는 막 두점을 치고
밤바람이 창문을 흔든다
바람은 부엌으로 들어와
빨랫줄이며 선반이며 살림살이에 부딪쳐
달그락달그락 소리를 내고 있다
저 휘돌아치는 그림자와 소리가 있는 한
더이상 외로울 것이 없다
이빨을 딱딱 부딪는 여자야
밤새 어깨를 물어다오

나의 슬픔을 물어다오
더이상 감춰둘 비극이 나에게는 없다

세수

바다에 가서
입을 씻는다 다시는
입을 열지 않으리라 생각하며
눈을 씻는다 다시는
눈을 뜨지 않으리라 생각하며
얼굴을 씻는다
내게 얼굴이 있다면
그것은 세상이어서 세상의 바다여서
치욕들이 살아온 시간만큼 가라앉고 있다
세상은 다물어지지 않고
감기지 않은 채로 또 하나의 얼굴을 열고 있다
수평선 너머로 창문 하나가 살폿 열리고 있다

제3부

목

한강은 은빛 작두처럼 빛나는 날을 가졌다
멀리 절두산의 참수도 보인다
밤섬의 오리떼들이 머리를 물속에 처박으면
수면은 그들의 목을 잘랐다
나 역시 그늘 짙은 얼굴에 억지웃음을 지으며
오리떼처럼 마포 근방을 떠돌았다
그들이 먹이를 위해 목을 자르듯
나도 목을 자르기로 한다
더러운 문명은 목에서 시작되었다고 생각했다
강은 다시 칼날을 번쩍인다
목을 자르지 않으면 세상은 바뀌지 않을 것이고
나는 순교의 목 하나를 강에 처박는다

위대한 잠
― 망월동에서

그대는 슬픈 꿈의 역사를 안고
깊고도 푸른 위대한 잠을 잔다
멸망한 듯 아무 생명도 없는 듯
마지막 눈부신 잠을 잔다
잔잔한 솔바람 따라 영원한 잠의 숨결이
나비처럼 훨훨 나부낀다
달도 꿈도 잠을 자거라
농부의 한숨도 나그네의 다리품도 잠을 자거라
잠들지 못한 억울한 세월의 졸음을 마시고
재가 되어도 깨어날 줄 모르는
깊고도 푸른 위대한 잠을 자거라
더러 갈까마귀와 놀다 밤의 찬 대기 속에서
우리들의 어두운 이마라도 쪼아라
지금은 누구라도 안부를 물을 수 없으니
아무 소식도 들을 수 없는 곳까지 이별을 하자
애국가도 태극기도 그냥 두고
이별도 놔두고 이별을 하자

금남로에서

안부를 묻는다 광주여!
다시 한번 그대의 무사함을 묻는다
그대의 입술은, 그대의 가슴은, 그대의 자궁은
아직 튼튼한가
하룻밤의 역사를 잉태할 만큼 아직 굳건한가
그대의 비읫장은 쓸쓸한 가을의 입덧을 견딜 만큼
아직 푸릇한가
도청 앞에서는 싸늘한 기중기가 미래를 설계하고
금남로의 굴착기는 시커먼 철심을 지축에 박는다
그 울림만으로 벽은 수많은 금이 가고
나 역시 갈기갈기 찢겨 쓰라린, 그러나 화려한 균열을 지닌 채
마침내 당선되고 만 하의도 대통령의 초상 앞에서
마침내 없어져버릴 도청 앞에서
지금은 들리지 않는 함성을 듣는다
충장로를 걷는 젊은 웃음에는
아무런 고통도 없어, 그런데
왜 마구마구 구겨진 채 떨어져내리는 것일까

황금동 뒷골목에서는 누군가의 정액 냄새가
저녁 공기 속을 헤엄치는데
그대는 숱한 뜨거운 밤들을 보내고도
왜 아직 불임의 몸으로 남아 있는가
암수동체인 듯, 나 혼자서 임신해버린 듯
지나온 세월들이 비릿해 견딜 수 없구나
어느덧 해는 지는지
은행잎은 돌아오지 않을 것처럼 거리를 굴러가고
술집의 불빛은 차츰 밝아 눈부신데
내가 필요할 때는 항상 없는 울음이여!
바람마저 나를 흔들지 않는구나
그대의 침묵이 불안하여 잠을 잘 수가 없구나
다시 안부를 묻는다
그대의 사랑은 아직 굳건한가
그대의 꿈은 아직 불온한가

극락강

그해 가을엔 유난히 겨울이 기다려졌다
겨울은 계절 가운데 가장 긴 골짜기를 지녀
사람들에게 깊이를 가르칠 것이기에
그해 가을엔 유난히 기차를 탔고
많은 역을 지나게 되었다
기차의 육중한 무게는 두 줄기 철길이 아니라
비에 젖은 갱목과 으깨어진 폐석이 견디고 있었고
다리를 건널 때마다 울림은
더 넓은 공간까지 울어야 했으며
기차는 서행해야 했다
가장 느리게 흐르는 강도 있었다
전라선 광주 못 미쳐 극락강
도심을 흘러온 까만 강물은
지나온 흐름을 이야기하듯
많은 부유물들을 수면에 띄우고 있었다
수면은 생을 끝낸 것들로 가득 차 있었다
모든 것을 삼킴으로써 강은 검게 흘렀다
부서진 살림살이와 나무궤짝과

널빤지 조각은 흐르지 못하고 떠 있었다
사람이 먹어치운 개의 하얀 두개골과
개를 그슬리며 반쯤 불에 탄 가마니는
다리 기둥에 붙들려 있었다
썩어야 할 것은 썩어야 되는데
흘러갈 것은 흘러가야 하는데
흐름 가운데 있으면서 흐름 속에 갇힌
한평생의 이념, 윤리, 혁명, 그리고 사랑마저
더이상 흘러가지 못하고 퉁퉁 불은 채 떠 있었다
극락의 물은 망각이었으므로
부근엔 장례식장이 자리를 잡고
극락에 몸을 적시면 생은 추억되지 않을 것이다
아주 잊기 위한 저 검은 흐름들
아주 잃어버리기 위한 저 검은 부유물들
겨울을 기다리며 극락강을 지나는데
이루지 못한 사람의 꿈들이
무수한 물방울로 뽀글거렸다

오래된 핏줄

나는 윤심덕의 하얀 손목을 잡고
현해탄에 몸을 던진 이 나라 최초의 극작가
김우진의 먼 친척입니다
사돈의 팔촌보다는 가까우면서도
실상 얼마나 먼가 하면
그가 비로드 양복을 입고 기세등등한
기와집 툇마루에서 손풍금 소프라노를 들을 때
내 오랜 핏줄은 오이넌출을 따러 뒷동산 텃밭에 올라
따끔따끔 얼굴을 그을렸습니다
그가 축음기 서양음악에 발장단을 맞출 때
내 오랜 핏줄은 허물어진 흙담을 돌다 소똥을 밟고
그저 배시시 웃을 수밖에 없었던 지경만큼 멀었습니다
그러나 그의 짙푸른 울음을 이해합니다
그의 영혼을 훨훨 날리던 울음에서 우리는 닮았습니다
누구는 배가 고팠고 누구는 자유가 고팠을 겁니다
굶주림에서 우리는 다시 닮았습니다
그때는 전국 방방곡곡에
일장기 날리던 보릿고개여서 누구라도

두 주먹이 불끈 떨렸습니다
내 핏줄은 오래 살아 다시 주먹도 쥐어보건만
그의 短命은 두번 다시 주먹을 쥐지 못합니다
목포 앞바다를 바라보면 갈매기떼가
오랜 파도처럼 오랜 핏줄처럼
끼룩끼룩 날고 있습니다
목숨을 버리고도
우리는 오래오래 가야 합니다

조치원 근방

논배미에 무릎 남짓
밤안개가 깔리고 있었다
어둠에 잠기기 직전
고적한 신작로 양켠에
전봇대들이 한줄로 서서
십자가처럼 목을 길게 내밀었다
죽음도 슬픔에 싸인
이 완전한 화폭의 遠近을 알까
추수를 끝낸 만추 들녘
버려진 지푸라기 몇가닥에 붙어
벌레들은 생을 넘나들며 울고 있었다
헬리콥터 한대가 서서히 내려앉고 있었다
벌레처럼 꼬리에 불을 달았다
공평한 이불처럼 공평한 이름처럼
모든 것을 덮는 어둠이 고왔다

두만강

사랑하는 사람아
긴긴 섣달
달도 없는 밤이면
그대 깊은 목젖에서
걸걸대던
가래라도 사르시게나
지금도 둑방 너머 갈숲엔
징징 바람이 놀고
언 무꽁지가
우리의 텃밭을 지키거늘
새벽마다 서리 내린 보리밭을 걸어
물을 긷는 사람아
물을 길으면 더욱 목이 타는 사람아
오늘은 눈물이 첩첩하여
울지도 않을 겁니다
목숨이 길면
별반 신통한 것이 없습니다그려

산책

내가 나부낀다
흰 새벽, 세심천으로 가는
산길이 흔들린다
초롱에 약수를 받는
노인의 눈꺼풀이 하염없이 떨린다
도토리 몇알이 끊임없이 구르고
낙엽은 끊임없이 떨어지고 있다
저 운동성이 이승이었던가
모든 사물이
이승에서 저승으로 나부낀다
내가 지워지고
흰 새벽, 세심천으로 가는
산길이 지워진다
가서 가서 돌아오지 않으리라
사이사이 햇살이
춤추듯 흔들린다
가서 돌아오지 않을
내가 다시 나부낀다
온 세상이 나부낀다

용대미 가는 길

돌아오면 그만인 길을
무슨 끝장을 볼 사람처럼
동짓달 그믐밤이 트도록 걸었다

화성군 사강 지나 용대미 포구는
제방 하나를 긴 꼬리처럼 바다로 내뻗쳤고
꼬리는 살강이는 밀물에 반쯤 잠겨
밤바다와 놀고 있었다

불씨를 몽땅 바람에 내어준 할마씨들은
자정을 넘기고도 망부석처럼 둘러앉아
점방 하나를 환하게 밝힌 채 화투를 돌렸다

나 역시 언젠가 그들이 돌리던 패를 쥐게 될 것이지만
가장 멀리 걸어갔을 때 비로소
내게 돌아오지 않을 운명을 떠올렸다

갯벌은 뭍에서 시작된 모든 길들을 삭히고 있었나니

피마(避馬)ㅅ골

쑥부쟁이가 있다
찌그러진 막걸리 사발이 있다
속을 끓다 나온 가래침이 있다
넘치는 소주잔이 있다
오줌발과 봉두난발과 멱살잡이와
사나흘 씻지 않은 악동들의 땟국물이 아직도 있다

그곳은 곰배팔 항아장시의 아들도
도끼날을 벼리던 김가네 손자도
지겔 고치던 송가네 증손도
팥죽 쑤던 박첨지네 외손도
모두들 팔을 걷어붙이고 번들한 흰 손이
쉬지 않고 무얼 그리 바쁘다가도
말 탄 사람 지나가면

말 탄 사람은
종로에서 동대문까지
동대문에서 왕십리까지

말굽을 땅에 박으며 마파람으로 질러갈 때
피맛골 구석구석을 일렁이는 바람결을 알지 못해

눈빛 고운 눈동자 껌벅이던 백의들은
굽신했던 허리를 다시 일으키며
의형제처럼 친자매처럼
다감한 손목을 부여잡고
예가 바로 우리 묻힐 땅이라고
목청이라도 뽑으며

골목마다 휘황한 청사초롱이 걸리고
아무리 멱살 쥔 亂場이라도
이내 어깨를 겯고 나오는 길목
그들은 길을 걷는 것이 아니라 차라리
흘러가는 구름처럼 종종걸음 위에
삶을 얹어 그리 걷고 있다

해남에서

읍내 학생 몇이
한줄로 논두렁을 걸으며
담배를 피운다
돌을 걷어차며 풀섶을 뜯으며
저항이라는 것을 알게 되었을 때

세월이 흘러도
저 나이를 입으면
무엇이라도 답답할 것이다
아버지에 대해 그리고
세월의 억울함에 대해

솟구치고 싶을 것이다
울고도 싶을 것이다
하지만 뜨거운 신작로를 지나가는
사람들의 끝은 어딜까
아무도 닿지 않은 들판이 거기 있을까

정미소 짚방석에서 윷놀이하는 사람들
초저녁 통술집에서 엉킨 얼굴들
느티나무 아래 모기 쫓는 노인들
바람이 좀체 없는 여름밤은 길었다

논두렁 아이들도 언젠가 고향을 뜨고
나이 들어 다시 고향에 들면
저렇게 농주잔을 돌릴 것이다
아홉 지붕에 개죽나무가 무성한 마을

고향도 서러운 나이를 먹으면
제 태어난 마을이 얼마나 큰 고을이었는지
스스로 얼마나 큰사람이었는지 알게 될 것이다
허리가 굽어 이빨이 빠져
히죽히죽 웃는 노인이 길을 가고 있었다

알 수 없는 슬픔

오늘도 눈물을 닦는다
슬퍼할 아무 이유 없는 저녁
울음이 아니어도 울고 있는
알 수 없는 슬픔
나 몰래 저절로 괸
눈꺼풀 아래 깊은 둠벙
빈 주먹에 하얀 물금은
글썽이지 않아도 울고 있는
내가 모르는 슬픔
나를 울고 있는
하얀하얀 미소
무엇이던가
내가 살고 있는 이것은
또한 그것은
아마 슬픔 없는 빗방울
보라, 이 가엾은 넋을
이 싸늘한 탄식을
달빛 젖은 하얀 눈매를

異說

광주 사람이 왜 난폭하냐면
이유가 따로 있지 않고
그냥 광주가 난폭하기 때문이죠
풍수랄 것도 없이
딴에는 무등산 수박의 씨알이 그리 굵은 것은
빛마저 난폭하게 쏟아지기 때문이죠
요즘 전해지는 얘긴데
옥과땅 관음사는 심봉사의 눈을 뜨게 한 청의 효심과
관련이 있다나요
異說이 떠다니는 바다가 광주라지요
얼마나 난폭한 바다였으면
계집을 바치지 않으면
배와 뱃고동과 뱃놈과 뱃길을 마구마구 삼켜버리겠나요
풍류도 알 만한 남자들이건만
언제라도 노동판 자갈 질통을 둘러멜
굵은 어깨는 믿음직하고
시장통 아낙들은 유난히 손이 커 덤으로 얹어준
푸성귀로도 아침 한끼가 거뜬하거든요

역전에는 역전파, 서방에는 서방파
패거리를 잘도 짓는 것은
필경 억울한 세월을 가슴 한귀퉁이에
묻어뒀기 때문인데 그치들이 골목을 가득 메우고
지나는 것을 볼라치면
희랍인 조르바의 느긋하기도 재빠르기도 한 어깨춤도
연상되는 깜냥이라오
그러면서도 어딘가 어설퍼지고 마는 것은
다시 한번 난폭하기 때문인데
도청을 아랫녘으로 이전한다니까
설익은 도시에 짓다 만 건축물들은
평지붕을 머리에 이고
토끼의 간이나 鷄肋처럼
쓰기도 버리기도 아까워 그냥 아까운 만큼
난폭한 것이라오
다시 요즘은 외제차도 외제옷도 둥둥 떠다니고
대학이 열 군데나 될 만큼 먹물들도 차고 넘친다지요
세상천지 어디에도 있는 거품이

광주라고 왜 없을라디오만
함평천지에는 십팔홀짜리 컨트리클럽이 들어설 참이니
쓰러진 동진벼를 세우느라 허리가 욱씬한 농부들은
선산 자락을 아슬하게 스쳐나는 하얀 골프공을 보며
저것도 난폭의 소산인갑다, 광주의 뒤늦은 근대인갑다고
토방에다 가래침이나 날리며 느껴도 볼 것이요
딴에는 그런 팔자들이 모여 한 성깔을 이룬 것이라고
푸념이라도 해보는 것이라오

돌아오지 않는 사람을 위하여

누구나 다 그렇듯 처음에는 고향이 있었다.
하얀 꽃봉오리를 숨긴 늙은 감나무 그늘 아래 누워
새들의 지저귐에 몸이 멍들고
어미소의 젖을 빠는 송아지의 늘씬한 뒷다리에서
세상으로 나가는 길의 첫걸음이 시작되었다.
주재소 순사가 자전거를 타고 황급히 떠나갔고
병사와 빨치산과 죽창을 든 사내들이
그 길을 따라 북망산으로 실려갔다.

어린 시절, 낡은 사진첩을 펼쳤을 때
빙그레 웃고 있는 사내의 미소가 슬펐다.
닭이 울고 호롱불이 꺼졌으며
동트는 하늘은 엊저녁 바라보던 황혼의
다음 장면이었다.
그것은 오래된 하늘이었다.
어른이 되기 전
대포의 굉음이 사람들의 심장을 찢었다.
전쟁중에도 아이들은 태어나

다시 전쟁을 배우게 되었다.

나는 울지 않는 아이로 성장했다.
길거리 사람들을 보면
나도 그들의 슬픔 가운데 하나였고
그들도 내 슬픔 가운데 하나였다.
사진 속 주인공은 내가 어른이 되어서도
나타나지 않았다.

가족은 말없이 그의 죽음을 받아들였다.
그는 고운 흙이 되었거나 어느 나무 밑동
질 좋은 거름이 되었을 거라고.
그가 남긴 앨범에는 전쟁의 사진이 없었으므로.
그가 언제 참전하게 되었으며 어느 길목에서
공습을 받았는지 알지 못했으나
그가 남긴 옷에서는 누런 쇠단추가 떨어져
그를 데려간 전쟁처럼 붉게 산화되고 있었다.

그가 남긴 몇권의 일기는
말하자면 미완의 줄거리였다.
아무도 그 결말을 알지 못했지만 확실한 것은
그가 운명했다는 사실이었다.
그는 돌아오지 않았으므로.
그 뒤로 세상은 한층 단조로웠다.
식구들은 남이 알면 안되는 비밀을 가슴에 숨겼고
남자들은 술상 앞에서 한결같이 성질이 급해졌다.
돌아오지 않음으로 해서
모든 꿈과 희망은 허사가 되었고
가족은 뿔뿔이 흩어져야 했으며
우리 가운데 몇은 경찰서 유치장에서
여러 날을 매달려 있어야 했다.

자살 미수 따위는 흔한 일이었다.
사람들은 언제라도 손목을 그을
날카로운 칼날을 품고 다녔다.
세상이 뒤집히길 기다렸지만

아무도 그것을 혁명이라고 부르지 않았고
두 눈이 더욱 붉게 충혈돼갔을 뿐이었다.
사복경찰이 늘상 집 주위를 맴돌았다.
그들은 법을 수호한다는
그럴싸한 명분을 지니고 있었다.
그들의 시선은 묘한 흥분을 몰고 와
터질 듯한 맥박이 심장에 밀폐되곤 했다.
밥을 먹기 전 공포를 씹어야 했다.
아무도 말을 하지 않았지만
여전히 우리가 살고 있는 것은
그가 우리 대신 죽었기 때문임을 알고 있었다.

그의 개 같은 죽음은 무슨 명분도 아니었다.
모든 시대는 끝났지만 그의 비명횡사를 지켜본 초목과
돌멩이와 장총은 아직 살아 있었고
그가 채우지 못한 일기는 쉼없이 계속되고 있었다.
그의 몸을 찢은 무수한 파편들처럼
검은 헝겊이 식구들의 두 눈을 덮고

두 귀를 막을지라도 그의 생은
결코 마침표를 찍지 못했다.

나는 펜을 쥐어 그의 일기장에
몇개의 문자를 끄적거렸다.
모든 점과 선들은 그가 치렀던 전쟁과
그가 흘린 피를 닮아 있었다.
무엇인가를 쓰고 있었던 것이 아니라
나는 죽어가고 있었다.

제4부

백야

모스끄바에 와서야 겨우 숨을 쉰다
천구백구십육년 유월 십삼일 여름
폭우가 백야의 하늘에서 쏟아졌다
눈을 감지 않는 뻘건 대낮 같은 하늘 아래서
여름밤의 찬 공기를 마신다
적색 경보가 발효중인 대류권에서
붉은 오존층을 뚫고 내리는 빗줄기는 마치 혁명처럼
대지를 두들기고 있었다 보랏빛 물보라를 일으키며
지평선 저쪽으로 넘어가지 못하는 태양과 더불어
우리의 식어가는 심폐기능 위로 쏟아지고 있었다
죽지 않는 빛이 갈무리되고 주라블리*들은
떼지어 우주를 향해 날았다
잠들지 못하는 백야의 길고 긴 꼬리처럼
하얀 날들은 밤을 꼬박 새며 날갯짓하고
모스끄바에 와서야 어둠은 비로소 밝혀지고 있었다
기억 속에 가라앉았던 어둑한 밤에서
잃어버린 것들이 스스로 發光하며 젖은
자작나무숲의 비린내를 풍겨오는 하얀 밤

다시 혁명을 위하여 밤은 깊을수록 좋았다
밝으면서 어두운 채로 날이 새고
그날 서울엔 두 차례나 오존주의보가 내리고
모스끄바엔 혁명 불감증이 발효됐다

  *백학(白鶴).

곱창집에서

나는 인정하지 못한다
나의 무덤은 광주도청이다 아닌 것 같다
(아줌마 광주가 많이 변했소
머시라고요 난 암시랑토 않은디요
그저 밥 세끼 묵고 사는디 변할 것이 있간디요)
그래도 나는 인정하지 못한다
나의 무덤은 망월동이다 아닌 것 같다
어둑한 곱창집 긴 통로 끝
하얀 소기름 한방울이 응고된 탁자에서
나는 입을 열지 않는 편이 나을 것이다
여자는 곱창을 썰고 상추를 씻고 소금을 담고
붉은 침묵을 잘랐다
나의 무덤은 여천 앞바다 씨프린스호가 침몰한
심연 아래 심연이다 그보다 더 깊은
광주의 침몰과 침묵을 나는 인정하지 못한다
어두운 기름을 가득 안고 가라앉은 유조선처럼
광주의 바다에 가라앉은 난파선을 파도가 흔들어댄다
소곱창 안에서도 파도는 출렁인다

거대한 초식동물의 꼬리까지 울음을 실어나르는
튼튼한 곱창은 기억을 씹어대는 위장이었다
무수한 융털돌기의 물결이 만들어낸
곱창의 기억은 느끼하다
길고 구불구불한 기억의 골목은
어둡고 질기다 곱창을 씹으며
나는 인정하기 시작한다
나의 무덤은 곱창일 것이다
적당히 질기고 적당히 길고 적당히 끈적거리는
한 소녀가 꽃잎을 실핀으로 꽂고
곱창 같은 골목 속으로 사라졌다

고산족

삼백예순날을 피로 밥을 짓는
네팔 사람은 매일 아침
조약돌 같은 까만 똥을 눈다
먹는 것이 사막의 생태계와 같다
공동우물 옆 풀섶에 뒹구는 네팔의 똥은
그래서 은빛이다
단백질을 먹지 않아
육질이 나무껍질 같은
얼굴의 주름은 언제나 아이 같은 미소에 덮여
가을의 낙엽처럼 진다
키버르 밀밭의 여인들은
시집을 가도 처녀처럼 맑다
한번 열린 자궁은 하늘을 닮아
닫히지 않는다
하늘 아래 첫 동네가
까맣게 탄다
내려다볼 산도 없고
올려다볼 산도 없어

그냥 산에서 태어나
산에서 죽는 것이 평균이고
그들의 인생이 곧 평지다
평생을 하늘만 바라보고 살다보니
눈동자에도 하늘만 고인다
그들은 히말라야를 먹고
히말라야는 그들을 먹는다

돔 텔레그라피*

텔레그라피의 까만 개미문자가 전하는 것은
천국이거나 지옥이거나 혹은 그 양자택일이다
광주우체국과 모스끄바의 돔 텔레그라피는
도시 중앙에 있다
충장로에 꾸역꾸역 몰리는 개미떼를 밟고
남총련은 오늘도 골목길로 흩어졌다
붕어빵과 색안경과 지금은 없어진 나라서적과
창녀의 집과 그 한가운데 광주우체국의 간판은 붉다
개미의 가슴처럼 비에 젖은 네 개의 공중전화부스 옆에
광주 여자 하나가 연신 비를 들고 계단을 쓸고 있다
아무리 쓸어도 개미들은 계단 위로 올라온다
모스끄바 돔 텔레그라피 앞 계단에도 개미가 기어오른다
그루지야와 체첸과 쎄르비아와 고려인과 모스끄비치들이
개미를 밟고 소식을 밟고 텔레그라피를 치러 몰려든다
북위 56도쯤의 지구는 암흑이거나
북위 35도쯤의 도시는 노을이다
하나의 시간에 광주와 모스끄바에서 누군가 죽고
누군가 태어나고 누군가 부고를 전한다

누군가 밥을 먹고 누군가 술에 취하고 누군가 무덤을 판다
하나의 시간은 우리 모두가 빠져나가고 들어오는 생사의 문이다
돔 텔레그라피의 시간 그것을 정지시킨 것은
혁명뿐
광주에서도 모스끄바에서도
한때 텔레그라피의 개미문자는 혁명을 타전했다
혁명 이후에도 개미떼 위로 최루가스가 내리고
돔 텔레그라피 앞의 풍경이 검은 고양이처럼 운다

*전신국.

선거에 대하여

누런 아교풀이 그들의 얼굴 밑에서
벽을 타고 흐르다 굳어 있다
얼굴과 기호들은 떨어지지도
벗겨지지도 않는 종이의 질과
오프셋 인쇄기술의 개가일까
초등학교의 낮은 담벼락을 따라
머리가 벗겨진 남자가 금붕어 봉지를 들고
지나간다 붕어는 느리게 지느러미를 움직이고
확대경 같은 비닐에 큰 입을 대고 뻐끔거린다
금붕어는 산소가 모자라 빨갛다
남자의 기호는 비닐일까 금붕어일까 魚頭일까
남자의 얼굴도 산소가 없다
침을 뱉는다 담벼락 밑으로 흐르다 만 누런 아교풀과
그 아래 들러붙은 침은 느낌이다
남자는 기호 1번에서 기호 7번 밑을 느리게 걷는다
붕어처럼 사는 것이 무의미하다고 느낀다
이름과 기호로 작동되는 정치벽보처럼
그의 이름과 기호는 비닐 안의 정치처럼

산소가 없다
일곱 장의 벽보들은 한결같이 눈이 없다
누군가 그들의 눈을 찢어버렸다
벽보는 얼굴이 아니라 하얀 백상지임이 밝혀졌다
이젠 기호만이 온전할 뿐이다
1에서 7까지 그들은 모두 아마추어처럼 웃는다
남자가 선택한 기호의 역대 전적이
그의 민주주의와 그의 산소량을 결정한다
그의 손에 들린 비닐봉지의 금붕어가 질식하고 있다
이번에도 1에서 7까지가 그의 산소량을 담보한다
합동연설회 연단에 올라온 일곱 난쟁이들의 성대도
산소 부족으로 빨갛게 부어올랐다

그날 아무도 만나지 못했다

한국통신 국제회의실에서 열린 한·까자흐스딴
이산가족 영상만남의 행사에 나는 가지 않았다
늙은 아버지는 좀더 늙은 고모랑 이역만리 중앙아에서
화면으로 뜰 큰아버지를 만나러 갔다
새벽부터 손수건을 꺼내들고 손을 부여잡고
저어쪽을 바라보기 위해 그러나
전파가 실어나를 가족의 애간장이
화상에 공개되는 것이 싫어 나는 바라보지 않기로 했다
아무것도 어떤 것도 바라지 않기로 했다
은밀한 눈물을 남에게 보이고 싶지 않다
오십년 전 동양에서 온, 작은 키에
머리가 벗겨진 북한유학생과 결혼한 큰어머니,
그녀의 처녓적으로 가 한 남자가 한국전쟁 때
왜 시베리아를 건너 소련땅으로 왔으며
축축한 망명의 거리에서 그들이 만나
서로 사랑하고 자식을 낳았던 사연을
혼자 듣고 싶다 아무에게도 털어놓고 싶지 않다
그날 나는 한국통신에 가지 않았고

늙은 아버지와 고모는 눈시울만 붉힌 채 돌아왔다
그날 아무도 만나지 못했다

길

비 갠 어느 아침이었습니다
늘상 다니던 길이 불현듯 살아 있는 듯 꿈틀대며
마치 수천, 수만년의 해후인 양, 지들끼리 만나 외길이
되는 듯싶다가도 다시 풀어져 흩어졌습니다
미륵사지 가는 길도 그러했습니다 지금은
주춧돌 몇개가 흔적인 길이 되었습니다

눈이 내리면 길이 뚜렷하게 보입니다
수많은 발자국 사이로 유독 눈에 띄는 목발 자국은
그가 평생을 절뚝거리고 걸어온 흔적입니다
엄마의 따스한 손을 잡고 아장아장 걸음마를 배우는
어린아이들의 작은 발자국도 있습니다
그들은 가벼운 존재인지라 그 길을 보려면
약간 머리를 숙여 주의깊게 내려다보아야 합니다

개울가에서 망설이던 여자의 발자국이 사라진 것은
남자가 등에 업고 징검징검 개울을 건넜기 때문입니다
서로 토라진 후 다시 만난 서먹함으로

거리를 두고 걸었던 적도 있었지만
그들은 다시 팔짱을 끼고 걸었던 것입니다
오래도록 입을 맞춘 흔적까지
길은 모든 것을 기억합니다

붉은광장의 혈흔을 밟았던 것은 볼셰비끼 혁명의 길이었습니다
 노동자들은 형제의 피를 밟고 앞으로 나아갔습니다
 여자들이 글을 깨우치는 동안에는 달도 밝았습니다
 뻬쩨르부르끄 여성노동자들은 빵을 외치며 거리로 뛰쳐나왔습니다
 그 발걸음으로 파인 돌 블록은 지금도 빗물을 굅니다

레닌이 숨을 거둔 고르끼 시로 가는 길은
뉘엿뉘엿 해가 지는 황혼녘이었고
붉은 노농적위대가 그의 생가를 향해 행군하듯
먼지도 폴폴 날렸습니다
쇄빙선 레닌호가 지나간 북극 빙해의 열린 뱃길이

이내 얼음으로 닫히듯
역사 위의 길이 대개 그러했습니다

야간열차
— 아들에게

머잖아 기나긴 겨울이 오거든
석양 너머 불어오는 바람과 마주하여
무엇이 허공을 춤추는지 바라보라
모든 흔들리는 것을 쳐다보라
아침이면 창가에 서서 언 흑빵을 뜯으며
비둘기떼를 부르던 러시아 할머니의 굳은 입술을 기억하라
모든 얼어붙은 삶을 떠올려라
아낙의 허리에 묶인 썰매에 누워 북방 눈길을 가던
동토의 아이들을 생각하라
지붕에 쌓인 눈덩이가 배수로를 콸콸 흘러내리던 순간
귓속을 파고들던 물소리에 귀기울여라
네 안에 갇힌 폭포의 아우성을 들어라
언젠가 네 불꽃이 꺼질 듯 팔랑거릴지라도
서로 손을 내밀어 바람을 버티던
풀 한포기 나무 한그루의 모습을 가슴에 새겨라
모든 피가 응고되어 하나의 가슴이 된다
야간열차에서 사람들은 지친 몸을 뒤척이며
한순간도 잠들지 아니하였다

호아저씨 거리

민들레 꽃씨 때문에 봄마다 천식을 앓는
베트남인 리엔 투이씨의 모스끄바대학 기숙사
침대 둘 딸린 방은 부모 동생 처고모 이종사촌에
참깨 같은 자식들까지 열셋이 모여 산다

졸업하면 기숙사를 내주어야 하므로
십년째 학교를 다니고 있다고 웃을 때는
꼭 속없는 사람 같다
암달러 환전소 손 하나 들락거릴
쥐구멍만한 통로가 그의 밥줄이었는데
어느날 달러를 세다 농을 건다

죽여야 할 놈이 있으면 백 달러에 해주겠단다
농이 아니었다 돌아갈 나라가 없었던 그의 삶은
매일 매일이 혁명이었고 극한이었다
실없는 웃음도 실없지 않았다

어느날 개구리나 튀겨 한잔 하잔다

호아저씨 거리의 베트남풍 선술집으로 옮겨앉은 후
요즘 남한에도 황소개구리가 지천이라고 말해주려다
말없이 삐르*를 따라 마시고 꽃씨 분분한 거리로 나서는데
깨우치는 사람이라는 뜻의 호치민, 그 이름 때문에
떠나지 못하고 산다며 다시 속 빈 웃음을 짓는다

  * 러시아 맥주.

치르치끄 강가에서

치르치끄 강가에서 늑대를 만난 적이 있다
은빛 늑대들은 사막을 건너기 위해 모여 있었다
놈들은 강을 따라 하류로 갔다 긴 꼬리로 대지를 쓸며
강은 사막으로 빨려들어가고 있었다
늑대는 시퍼런 눈으로 사라지는 강을 바라보았다
강은 황마의 뿌리를 적시며 사막보다 먼저 마르고 있었다
야자수 이파리가 흔들리고 늑대의 눈이 떼지어 움직였다
길고 날카로운 송곳니가 선인장처럼 뜨거워
늑대는 사막의 種이 되었다
고려인 아줌마의 황색 아들도 사막으로 갔다
사막을 건너 아랄해에서 뱃놈이 되겠다던
그들은 돌아오지 않았다
모래끼리 몸을 비벼 이슬을 만드는 사막의 새벽
마른 잡목이 불살을 올리고 사람들은
드럼통화롯가에 모여들었다
꼬무니스뜨 꼴호즈와 바라끄한 마드라사*가 당세포였을 때도
사람은 사막을 정복하지 못했다

늑대는 언제나 사막을 지배했다
오늘도 아름다운 은빛 늑대들은
치르치끄 강가에 모여 울부짖을 것이다
늑대는 불을 구서워하지 않는다

　*구소련 중앙아시아 회교총연합회.

붉은 화살

아주 멀리 있는 사랑을 찾아가는 사람들은
시베리아 붉은 화살호*를 타라
생이란 밤기차처럼 어두운 꼬리로
눈 내린 벌판을 질주하는 것이리니 그러나
사랑은 한때 스쳐 지나간 간이역에
깃발로 매달려 펄럭였을 뿐이라고 믿어라
아무런 紋章도 새겨지지 않은 얼어붙은 천조각이
우리가 찾아 헤매던 사랑일 것이니

기차가 정차하더라도 플랫폼에 내려
오랫동안 서성이지 말라
우리가 보았던 무수한 깃발들이
한꺼번에 내려지는 것을 보게 될 것이니
초월하여라 그리고 떠나가거라
연어의 붉은 꼬리처럼
그들이 거슬러오르는 죽음의 강으로 헤엄쳐라
생이 아름다운 것은 그 끝에
죽음의 계곡이 있기 때문이리니

씨비리 연어들은 올해도 어김없이
깜차까의 이름없는 계곡을 뛰어올라
파르르 붉은 꼬리를 흔들며
처음이자 마지막 짝짓기를 하리라
그들이 쏟아낸 뜨거움은 죽음이자 생이었으니

그걸 몰랐다면 사랑에게로 가까이 다가서지 말라
서로 비비며 뒤척이며 죽을 듯 내달렸던 죽음의 철길이
빨갛게 달아오르는 것은 연어떼처럼
우리도 시간의 그물에 걸렸기 때문이리니
누구나 사랑을 찾아가려면
지상에서 영원으로 솟구치는 한마리 붉은 연어가 되라
살아 있는 동안에는 사랑의 강을 떠날 수 없으리니

  * 시베리아 횡단열차의 이름.

지평을 바라보며

바람이 제 살을 베어무는 동안
눈은 마지막 폐허인 듯 이념의 불로 그슬린 땅에서
모든 얼어붙은 삶을 붙들고

미래는 너무 많은 추억을 묻어
니체의 방처럼 부글부글 끓다가 형이상학의 층위를 지상에
불쑥 올려놓을지라도
대지는 屍軀 하나를 보탠 것만으로도 유난히 검을 것이니
위대한 잠으로서의 눈에 덮여
설원은 형체를 가볍게 추스릴 뿐이었다

황혼을 가로지르는 출렁다리를 지날 때
은파들은 초저녁의 휘파람을 불었고
러시아예배당의 불알 같은 종에서 둥근 음파는
쉼없이 흘러나오고
하염없이 게다가 아무 의미 없이
아무것도 생각지 않고 생각하는 것이었다

지평은 자꾸 날 쳐다보고 앉았는데
나는 내가 바라보는 지평에 대해 말할 것인가
끝간 듯 막막한 설원에서 사람이 막 까만 점으로 사라졌다
어디로 돌아갈 것인가
대상 없는 해후를 꿈꿀 때 하필 왜 鴨綠이 떠올랐을까
고독은 그곳에서 시원하는가
향수는 눈에 덮이는가

눈은 예언처럼 내리고
눈을 맞는 동안간큼만 설원의 인기척을 기다리는데
하늘은 누구의 눈알을 빼려고 그리 붉었던가

북에서 온 사진

사진만 올려놓고 큰절 세 번을 올린다
아무도 큰아버지의 얼굴을 정면으로 보지 않는다
몹시 슬퍼하는 얼굴 앞에서 혈육들의 목이 잠긴다
북녘 사진사가 찍었을 한장의 사진
큰아버지말고도 오남일녀가 차렷해 있다
인민군복 노동대복 소년대복, 제복 사이에 세워진
칼날 같은 침묵을 깨고 그들의 반듯한 눈매가 빛났다
미완의 사진 뒷면에 적힌 1972년 가을
그쯤에서 시간은 멈춰져 있었다
그렇구나, 사진이 신앙이 되는구나
그들의 까만 눈동자에서 내가 타오르고
내 눈에서는 그들이 불탔다
평양인민사진관 붉은 암실의 인화액에 잠겼다
해방된 얼굴들
우리는 시간으로부터 벗어나고 있다

발문

치르치끄 강가의 은빛 늑대처럼

김이구

정철훈 시인은 90년대에 등장한 신인 가운데서도 '이색적'인 존재가 아닐까요. 이제 보니, 그가 이른바 등단 절차를 거친 것은 20세기도 막바지로 향하던 1997년 봄이군요.

모스끄바, 혁명, 광주. 그의 데뷔 시편들엔 이런 유의 '황당한' 단어들이 빽빽하게 들어박혀 있었죠. 나는 아마 그의 데뷔작들을 주의깊게 읽지도 않았을 겁니다. 그래, 모두 판가름난 세상에서 더 무슨 얘길 할 수 있단 말이냐, 이런 패배적인 심사였는지도 모르겠습니다.

70년대 이래 주창된 민족·민중문학의 논리에 상당히 동조해오던 나로서는 90년대 문학판이 드러낸 청산주의와 갖가지 의식적인 패션들이 대단히 못마땅했으면서도, 그러나 갈 데까지 가보는 것이 구익하다는 이중적인 심리상태에 놓여 있었습니다. 이를테면 각개약진 속에서 언뜻언뜻 발견되는 아름다움이나 완상하그 있었다고 할까요. 더군다나 1997년이면 90년대에 대한 이런저런 환멸이 더욱 깊어진 때였을 것입니다.

"그러나 대체 무슨 상관이란 말인가." 최영미는 엘뤼아르의 구절을 갱신해 주체의 열패감을 이렇게 산뜻하게 방기해 버렸지만(「서른, 잔치는 끝났다」), 사실 방향타는 안개 속에 있었고 방향타가 필요하다는 의식조차 그때는 무모해 보였습니다. 그런데 광주, 혁명, 모스끄바라니. 거기에서 길이 보이리라고 기대되지도 않았거니와 우선 시의 파탄을 면하기 어려울 것 같았습니다. 물론 그의 작품이 파탄에 이른 것은 아닐 테지만(그러면 발표 기회가 주어졌을 리야), 세상의 시간대를 무시하고 달려가는 듯한 거북함 때문에 나는 선뜻 삼켜버릴 수가 없었습니다.

그러나 시인은 그런 존재가 아니던가요. 세상보다 늦게 살기에 일찍 살고, 세상보다 일찍 살기에 늦게 사는. 그렇지 않다면야 시인이 무슨 소용일까요.

> 모스끄바에 와서야 어둠은 비로소 밝혀지고 있었다
> 기억 속에 가라앉았던 어둑한 밤에서
> 잃어버린 것들이 스스로 發光하며 젖은
> 자작나무숲의 비린내처럼 풍겨오는 하얀 밤
> 다시 혁명을 위하여 밤은 깊을수록 좋았다
> ——「백야」부분

> 광주의 침몰과 침묵을 나는 인정하지 못한다
> 어두운 기름을 가득 안고 가라앉은 유조선처럼
> 광주의 바다에 가라앉은 난파선을 파도가 흔들어댄다
> ——「곱창집에서」부분

그에겐 모스끄바의 이국 정취에도 곧바로 광주와 서울이 겹쳐지는군요.(「백야」「돔 텔레그라피」) 일그러진 혁명과 난파한 광주, 지리멸렬하기만 한 현실을 응시하고 있습니다. 여기엔 '혁명에의 향수'가 깔려 있다 할까요. 함께 발표된 「선거에 대하여」에서는 초등학교 담벼락에 붙은 선거벽보를 조롱하고 풍자하는군요. 어제도 오늘도 우리를 지치게 하고 화나게 하는 정치는 늘 "산소 부족" 상태죠. 그러다가 시인은 문득 히말라야 고산지대로 날아가 다른 삶을 엿보기도 합니다. "조약돌 같은 까만 똥을 누"고 "눈동자에도 하늘만 고이"는 고산족들을 만나고 있네요.(「고산족」)

이만하면 이 시인의 관심 영역이 어느정도 드러난 것 같기도 합니다. 그는 우리의 어깨를 짓누르는, 저 무거운 '현실'이란 괴물을 별로 피할 생각이 없는가 봅니다. "밝으면서 어두운 채로 날이 새고"(「백야」) "혁명 이후에도 개미떼 위로 최루가스가 내리"(「돔 텔레그라피」)는 세상의 질기고 질긴 곱창 속으로 도망치지 않고 스스로 걸어 들어가고 있으니까요.

*

그에겐 러시아 시편들이 여럿이군요. 그러고 보니 경제학을 전공해 러시아에서 역사학 박사과정을 밟은 이력도 이채롭습니다. 치르치끄 강가로, 시베리아 벌판으로, 모스끄바 대학으로, 붉은광장으로 오가는 시선은 그냥 얻은 것이 아닌 것 같습니다.

사회주의혁명의 땅 러시아에서 시인은 혁명과 혁명 이후의 시간이 어떻게 흐르는지 봅니다. 새삼 슬퍼할 것도 없이, 그 흘러가는 삶의 시간을 우울하게 응시합니다.

> 생이란 밤기차처럼 어두운 꼬리로
> 눈 내린 벌판을 질주하는 것이리니 그러나
> 사랑은 한때 스쳐 지나간 간이역에
> 깃발로 매달려 펄럭였을 뿐이라고 믿어라
> ──「붉은 화살」 부분

시베리아 평원을 횡단하는 밤기차에 의탁하여 시인은 사람들의 꿈을 이야기합니다. 아니, 꿈이 당도하는 끝을 노래합니다. 무수하게 펄럭이던 깃발은 내려지고, 꿈의 죽음에 당도하여 어떻게 견딜 것인가.

> 생이 아름다운 것은 그 끝에
> 죽음의 계곡이 있기 때문이리니

이렇게 역설을 취해보면서 깜차까 계곡을 뛰어오르는 연어의 산란과 죽음을 상기합니다. 그리하여 사랑의 뜨거움이 곧 "죽음이자 생"이라는 역설을 다시 준비하고는

> 살아 있는 동안에는 사랑의 강을 떠날 수 없으리니

마침내 이렇게 우리들의 운명을 예언하고 종용하고 있습니다.
나의 시읽기가 조금은 신파로 흘러갔군요.

그의 러시아 시편은 이를테면 광주 시편의 한 변형인 셈이지요. '광주의 거품'(「異說」)과 '광주의 불임'(「금남로에서」)을 시인은 외면하지 못하고 있으니까요. 여기에 오면 그의 말투는 한층 신랄해지고 때로는 거친 진술로 빠져들기도 합니다. 「극락강」에서는 "아주 잊기 위한 저 검은 흐름들"과 "이루지 못한 사람의 꿈들"만이 뽀글거릴 뿐이고, 광주에서는 외제차와 외제옷, 골프장 들로 여전히 민중의 '난폭한 성깔'을 길러 내고 있네요.(「異說」). 그렇지만 그가 일그러진 현실의 몰골을 하나하나 적발해 고발하고자 하는 지사적 태도를 취하고 있는 것은 아닙니다.

극단적으로 좌절하면 언어가 무의미해지고, 어떤 경우는 도리어 쉽게 몸을 바꾸어버리게 됩니다. 또 많은 사람들이 김대중의 정치적 승리에 기대어 정신적 긴장을 놓아버리기도 하였지요. 그러나 시인의 운명이 대개 그렇듯 그도 그런 흐름과는 별 관계가 없고, 오히려 세상 보통사람들의 주변에서 질기고 끈적한 현실을 헤쳐가고 있네요.

또 하나, 가족사를 다룬 시편들이 주목되는군요. 분단과 전쟁, 이데올로기 싸움의 와중에 갈라지고 고통받는 가족들의 모습이 「겨울밤」「눈 내리는 아침」「사나운 잠」 등에는 떠올라 있습니다. 사실 가족사를 통해서 역사로 접근해가는 수법은 우리 문학의 특질처럼 되어 있다고 해도 과언이 아니지요. 그러나 통통 튀는 90년대 문학에서는 현저히 엷어져간 전통이기도 합니다.

난파선 같은 월북자 가족의 집에서 어머니는 빈 뒤주를 보며 한숨을 쉬고 있그(「사나운 잠」), 아버지는 연좌제와 국가보

안법과 억울한 옥살이로 양미간에 움푹 골짜기가 패었군요(「눈 내리는 아침」). 여기엔 시인 자신의 가족사가 투영되어 있을 텐데, 그중에서도 가장 도드라져 보이는 사람은 큰아버지입니다. 6·25 때 월북했고 소련으로 망명해 지금은 까자흐스딴에 살고 있는 그 어른을 늙은 아버지와 고모가 화상 데이트로 만나려고 합니다. 한국통신 국제회의실에서 손수건을 꺼내 들고 기다렸지만 잘 성사되지 않았군요.(「그날 아무도 만나지 못했다」) 헤어진 가족을 모니터 화면을 통해서나마 만나볼 수 있다는 것이 다행스러우면서도, 이러한 아픔이 왜 지속돼야 했는지, '가족의 애간장'을 왜 화상에 공개해야 하는지 화가 나서 '나'는 만남의 장소에도 가지 않았네요.

그러고 보면 이 시인이 러시아로, 중앙아시아로 오가는 것은 혈육의 자취를 찾아가는 의식적·무의식적 행위라 하겠습니다. 이제 남북관계가 유례없는 전환점을 맞고 있지만, 북한에서 온 사진 한장을 놓고 안쓰럽게 소통하는(「북에서 온 사진」) 보통사람들의 처지가 아주 바뀌기에는 아직도 넘어야 할 산이 무척이나 많을 것입니다.

*

그는 해야 할 말이 많은 시인이어서 한편의 시에 많은 것을 눌러 담습니다. "광주도 모스끄바도 평양도 서울도/정말 거짓말처럼 닮아"버린(「옷걸이가 닮았네」) 시대에 세상은 질서정연하게 구도(構圖)를 짓는 것이 아니라, 동질적인 것과 이질적인 것들이 구별없이 하나의 화폭 속에 휩쓸려 들어가고 맙니다.

광주의 옷걸이가 충장로의 옷걸이와
　　서울의 옷걸이가 남산의 옷걸이와 닮았네
　　얼마나 쾌청한 지평이었으면
　　　　　　　　(⋯)
　　얼마나 즐거운 지평이었으면
　　석양이 일출과 함께 지평에 걸리고
　　청바지와 가을과 고양이와 하늘이
　　연속극과 요절복통과 흔들리는 눈동자와
　　　　　　　　　　　　——「옷걸이가 닮았네」 부분

　이렇게 뒤엉킨 것들이 "하나의 옷걸이에서 나부끼"는 "즐거운 지평"을 연출한다고 시인은 반어적으로 이야기합니다. 이 불온하고 음란한 도시에는 부유하는 삶만이 있고 "하! 유구한 흐름이 없"지만, '그래도 지구는 돈다'고 말하고 싶은 것이 시인의 욕망입니다.

　　거리에도, 방안에도, 농짝에도, 책상에도
　　도청에도, 민원실에도, 우리들의 심장에도
　　하! 역사가 없네, 눈물이 없네
　　이제 어린 두 발을 감쌌던
　　배내옷에서부터 역사는 다시 쓰자
　　　　　　　　　　　　——「역사가 없네」 부분

　김수영의 「하⋯⋯ 그림자가 없다」는 구절을 상기시키는

"하! 역사가 없"다는 반복된 탄식으로부터 역사를 다시 쓰자는 청유로 곧장 나아가거나,

> 빛 가운데 소경이
> 움직임 가운데 정지가
> 삶 가운데 죽음이
>   (…)
> 사람들을 앞으로 밀어간다
>
> ──「황홀한 直射」 부분

는 발견을, 도시의 일출이 만들어내는 "황홀한 반란"의 순간으로부터 이끌어내기도 합니다.

이와 같은 시편들이 아무래도 스스로 울리는 종소리로 다가오기보다는 일부러 부는 피리소리처럼 강한 음색을 띠고 있다면, '고향 시편'으로 일컬을 만한 작품들은 조금 더 곰삭은 정서적인 울림을 갖고 있습니다. 가령 「곰치를 지나며」 「구례를 찾아서」나 「고향」 「저물녘 논두렁」 같은 작품들은 지역의 산천이 주는 정서와 어울려 마음에 한층 촉촉한 감흥을 일으킵니다.

그중에서도 「묵은 지를 찢으며」와 「살고 싶은 아침」은 일품(逸品)이라 하겠습니다. 이를 굳이 고향 시편이라 불러야 할 까닭은 없겠지요.

> 순이야, 스물아홉 네가
> 굵은 파를 다듬는구나

도마 위에서는 네 푸른 손이 듬성듬성 잘려도
아무런 생채기가 없어
문간방 쪽문을 열면
물발 센 사내처럼 차디찬 수돗물이
붉은 바가지를 돌리고
시금치를 무치는 네 손이 눈부시구나
　　　　　(…)
마늘 다지는 도마 소리가 방안을 가득 채워
우리는 죽어서도 같이 살자꾸나
너는 지금 무순을 데치고 있다
혹 너는 봉지에 싸인 멸치를 보며
우리가 잃어버린 자유를 떠올리는지
문간방 쪽문 사이로 비껴간
스물아홉 순이의 아침처럼
나는 이 생을 깨금발로 종종거리련다
　　　　　　　　　　──「살고 싶은 아침」 부분

　꿈과 의욕을 갖고 살아가는 사람은 '살고 싶다'는 말을 하지 않습니다. 죽음을 목전에 둔 사형수나 정신적 혹은 경제적 곤경에 처한 사람은 어느 순간 '살고 싶다'는 간절함을 느끼게 됩니다. 이 시의 화자가 어떤 곤경에 빠져 있는지는 모르지만, 살고 싶지 않은 나날들을 보내고 있었던 것만은 틀림없다 하겠군요. 그런데 어느날 아침, 파를 다듬고 시금치를 무치는 한 여인의 손이 너무나 눈부셔서, '나'는 "우리의 죄를 닦고 닦"아 헐벗은 자신을 보게 됩니다. 여인은 하룻밤

우연히 몸을 나눈 유곽의 여자인지도 모르겠고, 어떤 얼크러진 사연이 있는 연인 사이인지도 모르겠습니다. 어쨌든 갑자기 찾아온 그 적요한 아침, 여인의 무심하고도 싱그러운 손놀림과, 해탈도 번뇌도 피안(彼岸)에 둔 듯한 도마 소리는 '나'에게 스며들면서, 누추한 삶이나마 "깨금발로 종종거리"며 살리라는 애틋한 희망 혹은 다짐을 불러일으킵니다.

「묵은 지를 찢으며」에서는 독한 묵은 김치 냄새가 나는군요. 기나긴 겨울 동안 땅속 독 안에서 삭을 대로 삭은 김치를 주욱 찢어 밥술 위에 얹을 때, 콧속이 시큰한 자극과 함께 눈물이 핑 도는 걸 느껴본 적 없나요. 식민지와 분단의 세월을 가파른 근대화의 소용돌이 속에서 헤쳐온 우리 삶은 그렇게 짭짤하고 시큼하고 곰삭은, "참말로 눈물나는 자랑"이 되어 있네요.

다만, 일부 작품에서 볼 수 있는 지역주의적인 편향에 떨어질 위험이나 언뜻언뜻 노출되는 기성시인의 호흡은, 그것이 설사 자각적인 것일지라도 더 경계해야 하지 않을까요.

*

「쉬리」에 이어 「공동경비구역 JSA」가 공전의 히트를 하는 것을 보면, 7, 80년대에 재야운동이나 저항운동의 차원에 있던 담론들의 일부가 대중문화라는 표층으로 진출해 성공한 케이스라는 생각이 듭니다. 서태지나 H.O.T.의 노래들에서는 비판의 패션화, 상품화가 고도로 진전돼 있군요. 이런 현상들도 일종의 진보라면 진보가 아닐까요. 시민운동과 노동운동이 이제는 반체제가 아니듯이 말이지요. 그런만큼 문학도 예전에 나누어 져야 했던 사회적·국가적 과제와 책무를 그대로 느낄 필요는 없겠지요. 좀더 자유로운 자리에서 개성적인 미학을 구축하거나, 세계와 인간에 대해 한층 근본적인 질문을 던져야 할 것입니다.

사실 90년대에도 '노동시' '농민시' '통일시' 등은 계속 씌어왔습니다. 그런데 기성사회, 기성문단의 욕망이 이를 주목하지 않았고, '민중시'의 흐름 자체가 부차적인 위치를 떨치고 나설 만한 괄목한 수준을 보여주지 못했습니다. 백무산의 『인간의 시간』 이후 이제는 계기적 발전보다 단층적 변모를 예기하는 것이 오히려 온당하다는 생각이 듭니다.

정철훈 시인은 모스끄바의 잠들지 못하는 백야(白夜)와, 불을 무서워하지 않는 치르치끄 강가의 은빛 늑대를 이끌고 등장하였습니다. 그리고 그에게는, 범상하게 말해서, 민중의 '닳아진 꿈'(「대청 건너 하숙방」)과 '억울한 세월'(「異說」)을 응시하는 길 외에 다른 길이 없었던 것 같습니다. 어쩌면 가족사와 자기 세대가 파놓은 함정에 빠져버린 것인지도 모르지요. 몇몇 광주 시편과 고향 시편에서 그는 좀더 구체적인 삶의 자리를 확인하고 있습니다. 그 세계가 7, 80년대 민중시의 그것처럼 생기발랄하지 않은 것은 이제는 낙관과 이상화가 불가능하다는 것을 경험해버린 때문이지요.

네덜란드 출신의 세계적인 작가 레오 리오니의 귀여운 그림책 『잠잠이』(*Frederick*, 분도출판사 1980)를 보면 별난 들쥐 한마리가 나옵니다. 겨울을 앞두고 들쥐 식구들이 모두 열심히 식량을 모을 때, 프레드릭은 늘 혼자 떨어져서 놀고 있는 것 같았습니다. 그는 자기는 빛과 색깔과 말을 모으는 '일'을 한다고 하였습니다. 겨울이 오고 모아놓은 양식이 거의 떨어져갈 때, 들쥐들은 프레드릭이 모은 것에 대해 물었습니다. 프레드릭은 모두 눈을 감으라 하고는 밝은 햇빛과 푸른 협죽도와 빨간 양귀비, 초록색 딸기덤불에 대해 이야기해주었습니다. 또 목을 가다듬고 자기가 지은 노래를 불러주었습니다. 들쥐 식구들은 몸이 따스해옴을 느끼고, 예쁜 색깔들을 떠올리고, 신명이 솟아남을 느꼈습니다. 그들은 프레드릭에게 말했습니다. "야, 너는 바로 시인이구나."

많은 시인 작가들이 원자화한 개인임을 자처하며 시류에 몸을 싣거나, 화장한 언어로 자신만의 고치를 단단히 지어갈 때 정철훈 시인은 조금 다른 길을 선택하였습니다. 그의 노래는, 프레드릭의 노래가 여러 친구들을 향해 준비되었듯이, 세상과 사람들을 향하고 있습니다. 그가 부르는 노래가 이 세상의 모든 쓸쓸한 중생들, 따뜻한 가슴들에 가닿을 수 있도록 더욱 깊고 아스라해지기를 기대합니다.

시퍼런 눈빛으로 사막의 강을 바라보는 은빛 늑대(「치르치끄 강가에서」), 그 늑대의 형형한 눈빛으로 한결같이 시의 행로를 디뎌가기를!

시인의 말

　새벽녘 가만히 귀기울이면 어디선가 흐느끼는 소리. 왜 그대는 잠들지 못하고 울고 있는가. 늦은 밤, 창밖을 내다보면 전선줄을 부르르 떨고 가는 바람결이 겹겹이 울음 운다. 저 울음은 어디서 왔는가.
　실컷 울어본 적이 없는 것 같다. 누구에게 버림받아 뼈에 사무친 슬픔도 없었던 것 같다. 한번쯤 절실한 울음을 터뜨려도 좋을 텐데. 속시원히 울지 못하는 나의 울음이 저주스러울 뿐이다. 까맣게 타버린 심장으로부터 터져나와 등줄기와 늑골을 흔들어대는 울음을 나는 기다렸는지 모른다.
　내 혈육은 남과 북, 그리고 중앙아의 어두운 거리에서 오늘은 무엇을 생각하며 살아가고 있을까. 아니, 이 땅의 모든 헤어진 사람들을 생각하면 나는 살다 살다 믿음 없는 얼굴이었다. 흐느끼지 않는 얼굴이었다. 시를 쓴 주체는 내가 아니라 역사에 흩뿌려져 부유하는, 어두운 뒷모습의 존재들이 아니었을까. 그래서 역사마저도 하얀 뼈가 드러날 때까지 삭혀내야 하는 것인지 모르겠다.
　바람이여, 네가 모가지를 떨구고 가는 이 진달래 산천이 이제 슬픈 이야기가 아닌가. 모든 헤어진 자들이 서로 얼굴을 맞대고 누워 두런두런 옛 얘기를 나눌 아름다운 혁명은 이뿐인가. 내가 아직 살고 싶은 것이 있다면 진달래처럼 타오르며 목놓아 울어보는 일일 것이니 시여, 흐느껴라. 꺼이꺼이 울음 울어라.

2000년 늦가을
정 철 훈

창비시선 202
살고 싶은 아침

초판 발행/2000년 12월 5일

엮은이/정철훈
펴낸이/고세현
편집/고형렬 김성은 염종선
펴낸곳/(주)창작과비평사
등록/1986년 8월 5일 제10-145호
주소/서울 마포구 용강동 50-1 우편번호 121-875
전화/영업 718-0541, 0542 · 편집 718-0543, 0544
　　　독자사업 716-7876, 7877 · 기획 703-3843
팩시밀리/713-2403
하이텔 · 천리안 · 나우누리 ID/Changbi
홈페이지/www.changbi.com
전자우편/changbi@changbi.com
지로번호/3002568

ⓒ 정철훈 2000
ISBN 89-364-2202-2　03810

* 이 시집은 대산문화재단의 창작지원금을 받아 간행하였습니다.
* 이 책 내용의 전부 또는 일부를 재사용하려면 반드시
  저작권자와 창작과비평사 양측의 동의를 받아야 합니다.
* 책값은 뒤표지에 표시되어 있습니다.